Franz Ludin

Das Leben im Lande Juda nach 584

GRIN Verlag

Bibliografische Information der Deutschen Nationalbibliothek:

Die Deutsche Bibliothek verzeichnet diese Publikation in der Deutschen National-
bibliografie; detaillierte bibliografische Daten sind im Internet über http://dnb.d-
nb.de/ abrufbar.

Impressum:

Copyright © 2007 GRIN Verlag GmbH
Druck und Bindung: Books on Demand GmbH, Norderstedt Germany
ISBN: 978-3-638-93313-1

Dieses Buch bei GRIN:

http://www.grin.com/de/e-book/88635/das-leben-im-lande-juda-nach-584

GRIN - Your knowledge has value

Der GRIN Verlag publiziert seit 1998 wissenschaftliche Arbeiten von Studenten, Hochschullehrern und anderen Akademikern als eBook und gedrucktes Buch. Die Verlagswebsite www.grin.com ist die ideale Plattform zur Veröffentlichung von Hausarbeiten, Abschlussarbeiten, wissenschaftlichen Aufsätzen, Dissertationen und Fachbüchern.

Besuchen Sie uns im Internet:

http://www.grin.com/

http://www.facebook.com/grincom

http://www.twitter.com/grin_com

Das Leben im Lande Juda nach 587

E-Learning-Portal Biblische Theologie,

Modul "Grundwissen im Alten Testament"

Universität Bayreuth, Deutschland, Lehrstuhl Evangelische Theologie

von

Franz Ludin

Inhaltsverzeichnis

1. Eingrenzung und Bemerkungen zur Arbeit

Die Arbeit stellt einen Überblick über das Leben im Lande Juda nach 587 vor Christus und hält einen Rückblick auf die Ereignisse, die zur Situation von 587 vor Christus geführt hatten. Das Literaturverzeichnis enthält die verwendete Literatur.

2. Juda 587 vor Christus

Israel war von den Anfängen bis zum Exil (Deportationen nach Babylon) verschiedenen Wandlungsprozessen unterworfen: Zuerst als unpolitischer Zwölfstämmeverband, später unter Saul wurde es zu einem Staatsgebilde. Das davidische-salomonische Grossreich dauerte zwei Generationen. Die Fortsetzung der Personalunion unter dem Thronfolger nach dem Tod Salomos, Rehabeam, gelang nicht. Nach dem Tod Salomo zerfiel das Königreich in zwei Teile: Juda, das Südreich; Israel, das Nordreich (umfasste die Gebiete der übrigen Stämme und hatte kurzlebige Dynastien).

Die getrennten Staaten Israel und Juda behaupteten die politische Selbstständigkeit ein knappes Jahrhundert. Sie wurden dann Vasallenstaaten von Grossmächten, verloren später die Eigenstaatlichkeit und wurden Provinzen des assyrischen bzw. babylonischen Grossreiches.

Die Oberschichten beider Staaten mussten ihr Land verlassen (Deportation). Die Assyrer siedelten die Deportierten im Gebiet des ehemaligen Nordreiches an. Die Babylonier ergriffen keine solchen Massnahmen. Die deportierte Oberschicht des Nordreiches ging allmählich unter der Bevölkerung des Landes auf und spielte als Gruppe keine geschichtliche Rolle mehr.

Die erste Wegführung unter den Babyloniern umfasste die babylonfeindliche Oberschicht von Jerusalem. Auslöser war das Einstellen der Tributzahlungen an Babylon unter König Jojachin.

Die Situation der deportierten Judäer nach Babylon und die nach Ägypten abgewanderten Judäer war eine andere. Die nach Babylon Deportierten führten kein Sklavenleben, sondern lebten als Halbfreie. Dies bedeutete, dass Bewegungsfreiheit da war, jedoch mussten sie sich an die Anweisungen der Babylonier halten. Angesiedelt wurden die Deportierten am Fluss

Kebar (Ez 1,1.3) und Tell Abib (Ez 3,15). Sie hatten Versammlungsfreiheit (Ez 33, 30f), die Möglichkeit, Häuser zu bauen, Gärten anzulegen und Familien zu gründen (Jer 29,5f). Sie wussten, dass man über ihr Ergehen in der Heimat orientiert war (Brief Jeremias an die Deportierten).[1]

3. Juda unter babylonischer Herrschaft nach 587 vor Christus und die Zeit im Exil

Die Krise des Exils formte das jüdische Selbstverständnis und die Identität des Judentums. Das Volk der Judäer war nach dem Niedergang des Staates Juda vorerst in zwei Gruppen aufgeteilt: die Exilanten und die Daheimgebliebenen. Die Lage der in Juda gebliebenen Bevölkerungsteile war am Anfang sehr schlecht, wie man es aus biblischen Quellen entnehmen kann. Das Leben war bestimmt durch Hunger und Gewalt. Mit der Zeit trat eine Normalisierung ein.

Die Lebensverhältnisse in Juda waren geprägt durch die zweite Einnahme und Zerstörung Jerusalems durch die Babylonier. Die in der Einleitung erwähnte Deportation der Oberschicht geschah auf Befehl des Herrschers Nebukadnezar II. Nebukadnezar spielte in der biblischen Tradition eine wichtige Rolle. Er wurde einerseits als einen gottlosen Tyrannen angeschaut, andererseits war er ein Werkzeug Gottes zur Bestrafung der Untaten Israels. Nebukadnezar schickte den Sohn von Jojakims ins Exil und setzte Mattanja (Onkel Jojachins) als König ein. Der Name wurde als Ausdruck babylonischen Verfügungsrechts in Zedekia umgewandelt. Nebukadnezar wandelte Juda in einen Vasallenstaat um unter eigenem König. Zedekia hielt nicht lange die Treue. Der Prophet Jeremia wurde als Verräter gebrannmarkt, als er vor dem Abfall von Babylon warnte. Jeremia rief zur Unterwerfung unter den Willen Jahwe auf und zur Treue gegenüber dem König von Babel. Dieser sei ein Werkzeug Jahwe. Das Vasallenverhältnis wurde aufgekündigt. Nebukadnezar unternahm einen Feldzug gegen Juda. Das gesamte Gebiet wurde besetzt, Siedlungen zerstört und Festungsanlagen geschleift. Jerusalem wurde nach 1 ½- jähriger Belagerung eingenommen und zerstört. Die von Zedekia erhoffte Hilfe aus Ägypten wurde vorgängig vom König von Babylon zurückgeschlagen (Jer 37). Zedekia wurde in Jericho gefangen genommen und in Ribla (Syrien), den Aufenthaltsort von Nebukadnezar gebracht, geblendet und nach Babylon deportiert. Seine Söhne wurden hingerichtet. Bei der Zerstörung des Tempels wurde höchstwahrscheinlich auch die Bundeslade

---

[1] Vgl. Noth M, 1953, S. 346-371

4

(Heiligtum des Zwölfstämmeverbands) vernichtet. Die Zerstörung des Tempels sollte alle Hoffnungen an das Heiligtum beseitigen und neue Aufstände verhindern. [2]

Dieses geschichtliche Ereignis stellte die religiöse Tradition der Bevölkerung in Frage: die Verheissung des Landes, Nathanweisagungen – und die Zionsverheissung. Es begann das Zeitalter der Zerstreuung und der Diaspora. Die Bevölkerung, die nicht deportiert wurde, waren vorwiegend Bauern.

Über die Situation der Deportierten erfährt man aus dem Buch Ezechiel. Ezechiel war der Sohn eines Priesters und ein Zeitgenosse des Propheten Jeremia. Er gehörte zur ersten Gruppe der im Rahmen babylonischen Gefangenschaft im Jahre 598 vor Christus verschleppten Israeliten, die Nebukadnezar zusammen mit dem König Jojachin ins Exil führte. Sein Wohnsitz war im nördlichen Mesopotamien am Fluss Chabur. Dort wirkte er als Prophet.

Die Deportierten wohnten und lebten in eigenen Siedlungen. Sie konnten ihre kulturelle und religiöse Identität pflegen. In der jüdischen Diaspora wurde der Grundgedanke einer eigenständigen Lebensanschauung geboren. Dieser sicherte das nationale und spirituelle Überleben des Volkes. Jüdische Namen tauchten auch auf Inschriften auf, die belegten, dass Juden im Hofstaat und im Militär Nebukadnezars Karriere machen konnten. Jüdische Theologen und Gelehrten betonten die Besonderheit des Judentums und des jüdischen Glaubens, auch um zu verhindern, dass die Eigenart der Juden im Vielvölkerstaat Babylons verschwinden konnte. Mit der Zerstörung des Tempels als Mittelpunkt des jüdischen Lebens, endete vorerst die Fixierung auf den Tempel als alleinigen Ort des Gebetes. Es entstanden die ersten Synagogen.

Als babylonischer Statthalter wurde Gedalja eingesetzt (Sohn Ahikamms, ein hoher Beamter: 2 Kön 22,12-14; vgl. Jer 26,24). Er residierte in Mizpa, wo er nach einer kurzen Regierungszeit von sieben Monaten einem Mordanschlag durch Ismael, der dem Heer des untergegangenen Königshauses David angehörte, zum Opfer fiel (vergl. Jeremia 41). Die Attentäter flohen nach Ägypten und nahmen den Prophet Jeremia gegen seinen Willen mit (2 Kön 25,24-26). [3]

Die Judäer und die Einwohner Samarias pilgerten weiterhin zur zerstörten Tempelstätte. Der Glaube an die Erwählung Zions blieb, obwohl der Tempel zerstört war. Weitere Auswirkungen der Situation 587 vor Christus auf das geistige und religiöse Leben in Juda war der völlige Verlust der praktischen Eigenständigkeit nach dem Niedergang des davidischen Königtums. Die Weissagungen Natans, dass das davidische Königtum ewigen Bestand haben wird, war in Frage gestellt. Auch die Vorstellung der Bevölkerung, dass der Tempel unzerstörbar sei, weil Jahwe den Zion erwählt habe (Mich 3,11, Jer 7,4.10), war zerstört. Die Verunsicherung war gross.

---

[2] Vgl. Schmitt Ch., 2005, S. 120-125; Metzger M., 1988, S. 135-148
[3] Vgl. Metzger, M, 1988, S.135-148; Bormann, L. S. 143-148

Die gläubige Bevölkerung stellte sich die Frage, ob Jahwe nicht zu seinen Verheissungen stünde. Die Frage seiner Machtlosigkeit tauchte auf, da er anscheinend zu liess, dass sein Wohnsitz zerstört werden konnte. Verunsicherung förderte die Vorstellungen und die Annahmen, dass die Götter Babylons (zum Beispiel Marduk) mächtiger sein könnten. Der Glaube und die Kulthandlungen an fremden Gottheiten lebten wieder auf. Die nach Ägypten abgewanderte Gruppe sah in der gegenwärtigen Not die Ursache, dass der Kult der Himmelsgöttin beseitigt wurde. Er wurde wieder aufgenommen (Jer 44,17-19). Jeremia sah die zentrale Schuld in den Fremdkult (Jer 7, 44). Er kritisierte den Kult und die Verehrung von Ischtar.

Die Jahwetreuen nahmen die Ereignisse von 587 als Ausgangspunkt für eine Neubesinnung und als Neuorientierung. Ihre Antworten auf die Frage der Geschehnisse sind in den Klageliedern zu finden. Diese schildern ohne Beschönigung die desolate Situation in Juda. Das Unheil wird als Gericht über den Abfall Israels aufgefasst (Klgl. 4,6; 5,7.16; Jes 64,6ff; Mich 7,9).

Wie das Dtr. Geschichtswerk versuchen auch die Klagelieder die Katastrophe von 587 vor Christus als Folge des Zornes Jahwes über die Schuld des Volkes Israels zu verstehen. Die Kritik der Schriftpropheten wird aufgenommen. Die Klagelieder verweisen auf Jahwe als einziger Tröster.

Die Katastrophe von 587 vor Christus war für die Daheimgebliebenen wie für die Exilanten die gleiche Situation: Begrenzung und Einschränkung des täglichen Lebens, Zerstörung des Tempels und das Ende der davidischen Dynastie. Der König als Garant für das Weiterbestehen des Jahwevolkes und der Tempel als Ort der Begegnung waren nicht mehr da.

Das deuteronomistische Geschichtswerk als wichtiges Glaubenszeugnis aus der Exilzeit suchte durch einen Rückblick in die Vergangenheit Orientierung und Ausblick für die Zukunft. Die Geschichte Israels wird als eine Geschichte der Treue Jahwes und der Untreue Israels dargelegt. Die Existenz des Gottesvolkes ist durch den wiederholten Abfall in Frage gestellt. Die Umkehr zu Jahwe bewirkte wieder göttliche Zuwendung. Die Hoffnung auf das Eingreifen Jahwe im Exil, wenn Busse getan wird, war vorhanden und diente als Motivation für das religiöse und kulturelle Handeln.[4]

Das Leben in Juda nach 587 stärkte die Bevölkerung in der Annahme, dass sie das „auserwählte" Volk sei. Sie grenzten sich in Juda wie auch im Exil von den sie umgebenden Völkern ab. Die Gläubigen hielten auch im Exil zu ihrem Gott und wahrten die Traditionen. Sie verschmolzen nicht zu einer Untertanenmasse wie andere Völker in der gleichen Epoche (zum Beispiel: die Moabiter). Die babylonische Diaspora brachte die Entwicklung für das jüdische

---

[4] Vgl. Weippert H., 1985, S. 213-249

Leben und für die jüdische Kultur. Das Überleben in der Diaspora als Jude und bei den Daheimgebliebenen wurde gestützt durch die Institutionen: Speisegebote, Sabbat, Passahfest und Beschneidung. Dadurch erhielt das jüdische Leben ein Charakteristikum.[5]

4. Juda unter persischer Herrschaft

Nach der Unterwerfung des babylonischen Reiches, erhoben die Perser (Kyros II) Gesamtjuda zu einer Provinz und band es in die Ordnung der Perser ein (Satrapenordnung, 534) mit eigenem Stadthalter. Kyros ordnete die Wiederherstellung des zerstörten Tempels an. Vollendet wurde er 516 vor Christus. Er wurde nach Serubbabel genannt. Serubbabel war Statthalter der Provinz zur Zeit Darius I. Er war der Enkel des 597 vor Christus nach Babylon verschleppte Jojachin von Juda. Serubbabel führte die Juden aus dem Exil nach Juda zurück, baute in Jerusalem den Altar zur Anbetung Jahwes wieder auf. Der Opferdienst wurde wieder in Gang gesetzt. [6]

Das Allerheiligste war leer, da die Bundeslade bei der Zerstörung des salomonischen Tempels wahrscheinlich verloren gegangen war. Die Streitigkeiten um den Bau des Tempels haben im Haggaibuch den literarischen Niederschlag gefunden. Beim Wiederaufbau prallten auch verschiedene Meinungen aufeinander. Tritojesaja ist ein Gegner des Tempelbaus (Jes 66, 1f, im Zusammenhang mit der tempelkritischen Nathanweissagung). Er betonte die unabhängige Souveränität. Andere Stimmen befürworteten den Tempelbau und die Wiederbelebung der davidischen Dynastie. Der Tempelbau war im Alten Orient oft mit der Institution und dem Bestand des Königtums verbunden. Für die früh nachexilische Zeit war das ein Problem, da kein judäischer Lokalkönig vorhanden war für die Funktion des Tempelbauers in Jerusalem. Da war der persische Grosskönig stellvertretend für einen Lokalkönig eine mögliche Lösung. In Haggai und Sacharja ist der prophetische Aufruf zum Tempelbau zu finden. Er soll das Chaos bändigen. Bei Haggai ist die Initiativkette „Gottheit-König-Tempelbau durch Volk" geändert in „Gott-Prophet-Repräsentant des Volkes (Serubbabel und Jehoschua) – Tempelbau durch das Volk."[7]

Die Deportierten kehrten nach und nach zurück. Das Alte Testament überlieferte das für Juda gültige herrscherliche Dekret: Kyrosedikt (Esr 1,2-4; 6,3-5; 2 Chr 36,22f). Im Edikt war die Rechtsgrundlage, die Rückkehr der Deportierten nach Israel und der Tempelbau festlegt. Jerusalem wurde wieder ein Zentrum. Die politische und religiöse Neuordnung erfolgte durch

---

[5] Vgl. Weippert H., 1985, S. 213-249
[6] Vgl. Schmitt, Ch., 2005, S. 123-125; Propylaen Weltgeschichte, Band 2, S. 641ff.
[7] Vgl. Schmitt, Ch., 2005, S. 124ff.

Nehemia, der Statthalter von Juda war und Esra. Beide waren in der persischen Verwaltung während der Regierungszeit von Artaxerxes, 465-424, tätig. Die Stadtmauern wurden unter Nehemia wieder aufgebaut und Leute vom Land wurden in die Stadt angesiedelt. Nehemia setzte einen Schuldenerlass durch, was der Beseitigung von sozialen Spannungen diente (Neh 5,1-13). Ziel war, den Verkauf von Judäern in die Schuldknechtschaft zu unterbinden (Neh 5,25). Auch die Rückgabe von verpfändetem Grundbesitz wurde mit dem Akt des Schuldenerlasses verbunden. Die Verzichtserklärungen der Gläubiger der jüdischen Oberschicht wurden durch von den Priestern abgenommenen Eiden besiegelt. Nehemia kritisierte auch die Ehen mit Nichtjuden. Er sah darin eine Gefährdung bei der Weitergabe der jüdischen Tradition. Er unterband auch Verbindungen von Nichtjuden zum Jerusalemer Tempel. [8]

Esra hatte am persischen Hof das Amt eines Staatssekretärs für religiöse Angelegenheiten der Juden inne. Als er etwa 485 vor Christus nach Jerusalem zog, war er mit Vollmachten ausgestattet. Sein Anliegen war Ruhe und Ordnung in die neue Jerusalemer Gemeinde herzustellen. Seine Autorität galt der fünften Satrapie des Perserreiches. Diese berechtigte ihn, in jüdischen Gemeinden Richter einzusetzen. Esra kämpfte gegen die Ehen von Judäern mit ausländischen Frauen (Esr 9,1-10,44). Er setzte auch die Scheidungen bestehender Verbindungen mit fremden Frauen durch. Esra gewährte in seinem Erlass (7,24) die Steuerfreiheit für das Tempelpersonal. Innere Widerstände des Volkes wurden durch das Engagement von Nehemia und Esra wie durch die Überzeugungskraft des Gesetzes gemeistert. [9]

Juda als persische Provinz war für die Bevölkerung die Zeit, wo Spielräume für die Selbstverwaltung genutzt werden konnten. Im Zentrum der Auseinandersetzungen standen die religiösen Kulte. Es gab viele Gruppierungen und Sekten. Die Thora war die Grundlage für den Glauben. Die Gruppen bemühten sich, die Gesetzestreue zu leben und andere zu übertreffen. Das persische Reich war Garant für den Tempel und für das Gesetz. Es bildete die Grundlage für die theokratische Verfassung des nachexilischen Tempelstaates.

---

[8] Vgl. Bormann, L., 2005, S. 94ff.; Schmitt, Ch., 2005, S.128-133
[9] Vgl. Bormann, L., 2005, S. 93ff.

5. Literaturverzeichnis

Bormann, L. (2005). *Bibelkunde*, Göttingen: Vanderhoeck & Ruprecht, S. 93, 94, 143ff.

Metzger, M. (1988), *Grundriss der Geschichte Israels*, Neukirchen-Vluyn:Neukirchnenner, S. 135-148.

Noth, M (1953). *Die Katastrophe von Jersualem im Jahre 587 v. Chr. und die Bedeutung für Israel* (Ges.Stud. S. 346-371).

Propylaen Weltgschichte. (1986): Frankfurt am Main/Berlin, Band 2, S. 641 ff.

Schmitt, Ch. (2005). *Arbeitsbuch zum Alten Testament*, Göttingen: Vanderhoeck & Ruprecht, S. 120-125, S. 128-133.

Weippert, H. (1985). *Das deuteronomistische Geschichtswerk, ThR 50*, S. 213-249.